Lb⁵³ 1275

LA FRANCE,

LES ÉLECTIONS, L'ASSEMBLÉE NATIONALE,

PAR

L'EX-BARON DE MAISIÈRES.

BIBLIOTHÈQUE NATIONALE
R.F.
IMPRIMÉS

NEVERS,

I.-M. FAY, IMP., RUE DES ARDILLIERS, 13.

—

1848.

LA FRANCE,

LES ÉLECTIONS, L'ASSEMBLÉE NATIONALE.

Ne dissimulons plus. Ne cherchons point par de vaines et trompeuses paroles à abuser le peuple sur la position actuelle de la France.

La société est en ruine, rien n'est resté debout de nos lois constitutionnelles, comme de nos anciennes institutions ; nous en sommes venus à être obligés de tout refaire après avoir tout bouleversé.

En effet, tout a disparu ! L'œuvre de tant de siècles a été comme jeté à l'eau, et le cadavre de l'ancien corps social gît à la Morgue, sur des lambeaux de pourpre souillés de sang et de boue......

Les *Citoyens travailleurs*, qui, dès les premières années du règne de Louis XVIII, reprirent le marteau destructeur que l'imposante volonté de Napoléon avait fait tomber de la main de leurs devanciers de 89, mirent à profit les nombreuses et très-graves fautes de ce prince, si bien qu'à l'avénement de son successeur, le mal était tel, que tout le monde, hormis les gens de cour et de plaisirs, pressentait une catastrophe; aussi la joie et les espérances de ces citoyens travailleurs furent-elles grandes et hautement proclamées.

Le duc d'Orléans, tremblant jusqu'alors sous l'œil vigilant de Louis, mit tous ses soins à ranimer et encourager le vieil orléanisme, autant qu'à feindre une affection profonde pour la famille royale.

J'acquis bientôt la preuve que la ruse avait su fermer les yeux à la prudence, quand de la part du roi on vint me prier, me conjurer de cesser une hostilité qui pouvait troubler la douce harmonie, les tendres sentiments qui existaient entre les deux familles...... Je résistai, fort que j'étais de ma conviction et de celle de mes collaborateurs. Dès-lors fut jurée la ruine du journal que je dirigeais... le *Drapeau blanc.*

La chute de cette feuille, dévouée à la monarchie et particulièrement à la personne *du plus aimable des hommes et du meilleur des rois,* ainsi que disait alors le *Journal des Débats,* fut un signe précurseur du plus fatal dénouement.

Débarrassé de nos importunités quotidiennes, l'infatigable ennemi de la branche souveraine continua paisiblement son œuvre..... Les choses en vinrent à ce point que l'un des conjurés me dit un jour : « A onze heures, je serai chez le prince, mon cher Maisières, les Bourbons vous ont méconnu et moi aussi. Dans six semaines ils n'y seront plus ; et six semaines plus tard, cet homme était assis snr les degrés du Château-d'Eau et disait au 15e de ligne : « Mes amis, ne tirez pas. » Et plus tard encore, ce même homme, désespéré d'avoir été le jouet d'un ambitieux, maudissait Louis-Philippe, appelait de ses vœux le petit-fils de Charles X, et finissait bientôt sa triste carrière dans les flots du Rhône !

Cependant, j'avais dû porter ces paroles à mon parent, l'ancien évêque de Strasbourg, précepteur du duc de Bordeaux. Quelqu'un de la cour ne put les entendre sans effroi et sans me dire : « Vous n'avez pu apprendre ces choses qu'en bien mauvaise compagnie. » — Dites plutôt, lui répondis-je avec une extrême énergie, — qu'en bien *dangereuse* compagnie. »

L'évêque resta convaincu que le danger était imminent, fit de vains efforts pour être entendu, et sortit bientôt des Tuileries pour n'y plus rentrer.

A la suite de ce récit, je ne puis m'empêcher de placer une anecdote peu connue et qui fait voir que si M. le duc d'Orléans était profondément dissimulé, Louis XVIII n'était pas moins pénétrant.

Ce roi avait éloigné S. A. sérénissime. Cet exil coupait court à toutes les intrigues. Mais Mme la duchesse d'Orléans (depuis reine des Français, et aujourd'hui reine de l'exil), obéissant à un sentiment tout naturel et louable, intéressa bien aisément *Monsieur*, depuis le roi Charles X, et ses deux fils, au sort du renard exilé, la duchesse de Berri, si heureuse alors, se joignit vivement à ces princes, et tous ensemble entourèrent, prièrent, pressèrent, conjurèrent le vieux monarque de permettre qu'il rentrât.

Louis résista long-temps, mais enfin vaincu par tant de prières, le rappel fut promis....

Au conseil du lendemain, les princes et les ministres réunis, la plume fut présentée au roi, qui, la montrant à L. A. R., prononça ces paroles prophétiques :...... « Vous le voulez, Messieurs, vous le voulez, j'y consens ; mais rappelez-vous bien que cette plume qui va servir à signer son rappel, servira aussi quelque jour à signer l'abdication de l'un de vous !.... «

On sait quels étaient alors les *Citoyens travailleurs* dont j'ai parlé. Ce n'étaient point ces hommes qui, plus tard, devaient remplir les carrefours et les rues de Paris : c'étaient les orateurs de la chambre, de cette Montagne qui grossissait sur les bancs de la gauche, qui s'élevait déjà comme une barricade entre le trône et le peuple, amoncelant devant elle le mensonge, la calomnie, les insinuations perfides, trompant ce peuple et lui faisant croire qu'il était malheureux, alors même que la France était florissante, glorieuse et triomphante !

C'étaient ces hommes, qui bientôt devaient

saluer la meilleure des République en la personno de ce Philippe ; et tomber avec lui victimes bien méritantes d'une inexplicable commotion !

C'étaient ces hommes que nous revoyons coiffés du bonnet phrygien, se présenter à notre élection et nous promettre non moins de zèle à fonder une République nouvelle, qu'ils en mirent à établir une nouvelle dynastie.

Le déluge qui vient de tout couvrir de ses eaux, n'a rien laissé à la surface ; les monuments les plus élevés et les plus imposants ont disparu, on ne voit que débris et tombeaux, flottant çà et là ; pas un seul homme n'est resté debout à sa place ; je n'aperçois plus que des infortunés, *vainqueurs ou vaincus*, qui nagent au hasard, comme sans espoir de salut, en présence d'un ciel immense qui les regarde et les laisse ; tant ils ont abusé de ses bienfaits !

Mais, nous dit-on, on veut créer un monde nouveau. Le projet est hardi, la vie d'un homme y pourra-t-elle suffire ? Combien faudra-t-il de générations pour refaire l'édifice, ce nouveau temple de Salomon, ce nouveau temple de la sagesse ; car on entend par *monde nouveau* une nouvelle société, de nouvelles institutions.—Qu'on y songe ; 44 siècles ont à peine suffi à nous amener où nous étions avant 1830, et depuis cette époque nous avons descendu.... En combien d'heures donc nos Lycurgues téméraires nous promettent-ils d'achever l'œuvre sans pareille qu'ils

nous ont annoncée ; quelles Pythies, quelles Sy-
billes vont les inspirer et dérouler sous leurs
yeux le livre de l'avenir.... Mais déjà je les vois
épuisés et réduits à vivre de la mort des rats de
cave, promettant à nos femmes je ne sais quelles
faveurs suspectes d'émancipation, et à nos filles,
des gardiens plus fidèles que nous-mêmes de leur
vertu et de leur innocence ! Ce n'est pas assez d'a-
voir proclamé la chimère de l'égalité, de la fraternité et de la liberté... Oui, je le dis tout haut,
la chimère de l'égalité, parce qu'il ne peut y
avoir *égalité* entre le fort et le faible, entre le
savant et l'ignorant, le riche et le pauvre : l'égalité positive n'est point dans la nature, le Créateur
l'a voulu ainsi ; serez-vous plus puissants que
lui ? La seule égalité possible, c'est l'égalité devant la loi ; comme devant Dieu nous l'avions,
c'était assez.

La chimère de la *fraternité* : parce que depuis
que vous l'avez proclamée, j'entends gronder la
menace dans la rue, sur les places publiques ;
parce qu'il n'y a pas *fraternité* dans ces masses
qui se croisent, se mêlent en se regardant d'un
œil inquiet ou enflammé !

Parce qu'il n'y a pas *fraternité*, alors qu'un
gouvernement téméraire ou imprudent remet à
ses agents les foudres du pouvoir suprême, toujours menaçantes et prêtes à éclater...

Parce qu'il n'y a rien de moins *fraternel* que
ces fades et hypocrites proclamations dont on tapisse
nos maisons...

Parce qu'il n'y a pas un mot de bonne, pure et sincère *fraternité* dans ces discours enroués des tribunes clubistes, saturés d'ignobles calomnies et de subversives doctrines, signalant à la haine de la foule toute une classe de citoyens.

Parce qu'enfin depuis Caïn jusqu'à nous, la fraternité n'a été une vérité que dans l'évangile du Christ.

Chimère de la liberté : parce que la *liberté* ne peut vivre en reine là où domine la force brutale. Parce qu'il n'y a pas *liberté* là où s'impose la volonté tout arbitraire d'une faible mais audacieuse portion du peuple, faisant des lois pour elle seule, sans examen, sans assentiment de la nation entière.

Et voilà où nous en sommes... Oui, nous en sommes là ! Que j'interroge l'humble laboureur, le riche qui le fait vivre, le magistrat devenu silencieux et inutile, le militaire flétri, l'homme d'église agenouillé et priant pour tous, l'avocat à la glorieuse parole, le négociant consterné, l'ouvrier sans ouvrage, un seul cri de douleur se fera entendre : Oui nous en sommes là !!!

Entrons dans l'avenir ; pénétrons s'il est possible, à travers l'épais et lugubre bandeau qui s'abaisse sur tous les fronts, les destinées de notre trop malheureuse France.

On nous appelle sur un terrain nouveau. Un Champ-de-Mai immense, tel qu'on n'en vit point, ni avant ni depuis Charlemagne, doit réunir toute la mâle population d'un grand peuple. Quel spectacle ! Sera-ce un jour de fête? sera-ce un jour de combat? sera-ce une orgie comme on en vit, vous savez quand? sera-ce un jour de vérité, de vraie et vive lumière pour tout éclairer? sera-ce un jour de déception ou plutôt une nuit de ténèbres pour tout obscurcir, tout confondre, tout anéantir pour jamais? Dieu, Dieu seul le sait !.....

Quelle que soit l'issue de cet essai formidable, toujours est-il certain que là, comme en la vallée de Josaphat, les bons seront d'un côté et les méchants de l'autre, sous la lumière du soleil !

Les bons porteront sur leur bannière, en lettres d'azur, ces mots depuis long-temps consacrés : Religion, — liberté vraie, — union sincère, — gloire de la patrie !

Les méchants n'oseront élever la leur dans les airs, mais ils apporteront dans leurs cœurs ces autres mots qu'ils apprirent à l'école du XVII siècle : Ambition effrénée, — orgueil sans bornes, — jalousie basse, — promesses menteuses, — calomnies noires, — conspiration permanente, — union avec l'enfer !

Ce sera une troupe de fratricides : Caïn sera leur chef; et vous verrez, sous plusieurs espèces, Judas le cupide se mêler dans cette foule et donner des baisers à tous.

Puis après, l'urne sera présentée à ce peuple, il y portera la main, et enfin elle sera vidée; et vous en verrez sortir tous les biens ou tous les maux pour être répandus sur la terre....

Le peuple cueillera plus tard les fruits de sa volonté, les fruits de l'arbre qu'il aura planté.... Ces fruits seront une nourriture vivifiante, ou bien, sous une apparence trompeuse, ils renfermeront un amer poison.

La carrière est ouverte. Fidèles au rendez-vous qui est donné à tous, nous nous présenterons..... Mais qu'entends-je..... et quels écrits me tombent sous la main ?—Des proclamations, des journaux, des lettres aux électeurs, des professions de foi, attestent qu'on travaille la *matière électorale* plus honteusement, plus immoralement que jamais ; que pour capter et surprendre les suffrages des gens de campagne, on répand ces écrits à profusion. Ecrits honteux, saturés de mensonges et de calomnies, dégoûtants de fiel, imprégnés de venin, soulevant des haines, excitant à la désharmonie des citoyens, catégorisant, classifiant une partie des habitants pour en faire un objet de haine, d'aversion et de mépris ; les traitant de téméraires et de lâches *tout à la fois,* les désignant sous la qualification de *maîtres,* comme si notre génération avait jamais rencontré des esclaves en France ; leur imputant des projets odieux, leur attribuant une influence tyrannique....... provoquant à les chasser des assemblées délibérantes.

« Oui, frères, s'écrient les rédacteurs de l'un » de ces infâmes écrits, chassons tout partenaire

» du pouvoir déchu, tout ci-devant noble profes-
» sant soit par bravade, soit par astuce, soit par
» intérêt des opinions anti-républicaines, chas-
» sons-les, parce qu'ils sont dangereux.

» Ils sont dangereux, parce qu'ils sont lâ-
» ches ! »

Et tous les jours et à toute heure, ces poisons
circulent à travers la société des campagnes ; des
émissaires les colportent, les lisent au peuple et
les commentent, en y joignant leurs prédications
furibondes et leurs hypocrites caresses.

Et la magistrature des campagnes reste inac-
tive, témoin sans pouvoir contre tant d'horreurs,
et les lois répressives sont mortes, et le gouvernement lui-même laisse faire, comme s'il avait
besoin de tels auxiliaires pour vivre, comme s'il
avait soif de commotions et faim dévorante de
guerre civile.

Ah ! si telle devait être la république, elle me
ferait horreur !...

Quoi, frères, ce serait là le bien-être nouveau,
la paix, l'égalité, l'union, la fraternité, la liberté
que vous nous avez tant promises ! Ce seraient là
les trésors qu'aurait enfantés la reine des peuples
régénérés..... Mais s'il en était ainsi, tout au plus
seriez-vous dignes d'être attelés au char du plus
insolent dictateur.

Républicains, songez-y ; l'univers vous regarde, et rappelez-vous cette parole du maître :
Tout peuple divisé en lui-même périra !

Qu'entends-je encore., et quels cris parviennent jusqu'à nous? C'est le despotisme de. la rue qui s'émeut et s'agite, qui déjà profère des menaces contre une Assemblée nationale qui n'existe point encore.

Si l'Assemblée, disent les uns, marche dans notre sens, nous la maintiendrons ; si au contraire, disent les autres, elle froisse le moins du monde nos idées et nos prétentions, vainqueurs que nous sommes de l'ancienne chambre, nous jetterons celle-ci par les fenêtres.... Qui pourrait croire que de telles paroles auraient été proférées, si le bruit n'en était généralement répandu, si certains manifestes ne donnaient à entendre des choses qu'on n'ose dire tout haut dans la rue.

La providence tire toujours des excès des hommes le remède aux maux qu'ils se préparent; nous espérons donc que la nation très-chrétienne sortira. triomphante des mains de ses ennemis les plus dangereux..... les Républicains des rues de Paris, qui prétendent pouvoir tout à la fois dominer ou chasser ignominieusement notre Assemblée nationale et imposer aux départements le joug de fer et de plomb qu'ils auront préparé.

Si telle devait être la fin de nos œuvres électorales, si nous ne devions envoyer en Assemblée (nationale que de dociles esclaves, que d'humbles serviteurs d'un pouvoir insolent, obéissant au moindre geste de quelque tribun visant de près ou de loin à la dictature, ou cé-

dant à l'effroi de cent mille piques brandis-
santes..... les provinces françaises, dégagées alors
par les lois éternelles de la nécessité et de l'hon-
neur de leur union nationale, prendraient un parti
digne d'elles et secoueraient avec l'énergie qui
leur est propre, comme une vile poussière, le
manteau d'opprobe dont on voudroit les couvrir,
pour les traîner ainsi liées, flagellées, souffletées,
couronnées d'épines, à quelque Pilate maudit!!!
et se déclareraient indépendantes......

Qu'on y songe donc à Paris, qu'on cesse de
répandre de fâcheux écrits ayant pour objet de
diviser des citoyens qui s'estiment, de semer la
terreur et de nous faire pressentir qu'on veut
être maître.... maître de nos biens, maître de
notre vie, maître de tout; que la révolution a été
faite pour ceux-ci contre ceux-là. — Qu'on y
songe, car en France, d'une pensée généreuse à
son accomplissement il n'y a pas loin; si donc un
seul cri de menace est proféré contre notre Assemblée nationale, nos mandataires réunis en lieu sûr,
protégés s'il le faut par cinq cent milles baïon-
nettes de gardes provinciales, feront entendre
leur voix souveraine, ainsi qu'il fut fait dans les
premiers siècles de la monarchie.

N'avons-nous pas déjà sous les yeux pour jus-
tifier nos appréhensions mille surabondants in-
dices; la tendance générale des faits gouverne-
taux, ne nous fait-elle pas toucher du doigt cer-
taines éventualités prévues; n'est-ce pas comme

au temps de Rome naissante la souveraine législature des décemvirs : il n'y manque rien si ce n'est la volonté nationale ; de nos jours c'est la moindre chose, apparemment.

Quand nos mandataires iront prendre place sur leurs chaires curules, quelle pourra être leur attitude ? Demanderont-ils que les douze tables leur soient présentées, n'auront-ils pas le souverain pouvoir de les briser si telle est leur volonté, n'est-il pas à prévoir que ce qu'on a eu la témérité de faire on aura l'audace de vouloir le maintenir ; n'est-ce point à cet effet qu'on a pris des mesures depuis long-temps connues !

Puissent ces appréhensions n'avoir aucun fondement réel.

Provinces françaises, reines de France ! faites entendre l'imposant concert de vos vœux ; la patrie expirante sous le poids de ses maux peut se relever encore, mais il est temps de la secourir !

Electeurs, envoyez donc en Assemblée nationale les hommes les plus indépendants, les moins ambitieux, les plus éclairés et surtout ceux-là qu'un mâle courage unit à un profond sentiment religieux distinguent parmi vous.

En résumé, ce petit écrit roule sur ces idées principales, savoir :

Que l'Assemblée nationale sera souveraine de sa nature ;

Que tout pouvoir actuel devra fléchir le genou devant elle ;

Qu'elle statuera sur la forme du gouvernement qui convient à la France;

Qu'elle transportera où bon lui semblera, et le siége du gouvernement et sa réunion en assemblée générale.

www.ingramcontent.com/pod-product-compliance
Lightning Source LLC
Chambersburg PA
CBHW071654030726
47598CB00005B/2080